Nuestro Presupuesto de clase

Comprobar tu trabajo

Simone Braxton

COMPUTACIÓN
CIENTÍFICA EN EL MUNDO REAL™

Rosen
Classroom™

Publicado en 2018 por The Rosen Publishing Group, Inc. 29 East 21st Street, New York, NY 10010

Autor: Simone Braxton
Traductor: Alberto Jiménez
Directora editorial, español: Nathalie Beullens-Maoui
Editora, español: María Cristina Brusca, Editora, inglés: Caitie McAneney
Diseño del libro: Jennifer Ryder-Talbot

Créditos fotográficos: Cubierta, itman_47/Shutterstock.com; p. 4 oekka.k/ Shutterstock.com; p. 6 Chris Bankhead/Shutterstock.com; p. 8 Albina Glisic/ Shutterstock.com; p. 10 George Rudy/Shutterstock.com; p. 12 sutapat.t/ Shutterstock.com; p. 14 Igorsky/ Shutterstock.com

ISBN: 9781538356302
6-pack ISBN: 9781538356500

Fabricado en Estados Unidos de América

Información de cumplimiento CPSIA Lote #WS18RC: Si desea más información póngase en contacto con Rosen Publishing, New York, New York, teléf. 1-800-237-9932

Contenido

Ganar y gastar dinero

La clase de Miss Jones aprende habilidades que se pueden utilizar en el mundo real. Este mes, van a aprender cómo gastar dinero con prudencia.

Miss Jones, la maestra, enseña a sus alumnos cómo controlar el dinero que ganan y el que gastan. La clase decide preparar un presupuesto. En este libro, una clase hace un presupuesto que les ayude a ahorrar dinero para irse de excursión.

Hacer un presupuesto

La clase prepara un gráfico que muestra el dinero que tienen y el que gastarán. Reciben $100 al mes de la escuela.

La clase sabe que gastan $20 al mes para su fiesta de pizza. Tienen que gastar otros $20 en un nuevo **acuario** para los peces. Miss Jones les advierte que en ocasiones suceden gastos imprevistos.

La venta de dulces

La clase se propone gastar únicamente $40 este mes. Quieren ahorrar $100 para su excursión. Eso significa que necesitan ganar $40.

Planean una venta de dulces. Miss Jones encarga a cada alumno una cosa. Hornean tartas, pasteles, galletas y brownies. La clase vende estas delicias y ganan con ello $50. ¡Más de lo que esperaban!

Comprar el material de escuela

El mes casi ha terminado y a la clase le quedan aún $10 para gastar. Se les han acabado los lápices y además quieren comprar un nuevo juego. Los lápices cuestan $10 y el juego otros $10.

La clase decide que los lápices son más importantes que el juego.

¡Miran su presupuesto!

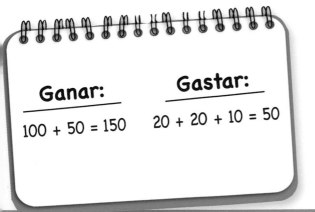

Ganar:

100 + 50 = 150

Gastar:

20 + 20 + 10 = 50

¡Comprobemos el presupuesto!

Llega finales de mes. Es el momento de comprobar el presupuesto. ¿Funcionó? La clase tenía $150 en total. Gastaron $50 en pizza, el acuario y los lápices. Eso significa que les quedan aún $100 para su excursión. ¡Alcanzaron su meta!

Miss Jones les hizo comprobar los números una vez más. ¡Ahora pueden planificar la excursión!

Ganar:
$$100 + 50 = 150$$

Gastar:
$$20 + 20 + 10 = 50$$

$$150 - 50 = 100$$

La excursión

La clase de Miss Jones aprendió cómo gastar lo que tienen. Tenían que tomar una decisión difícil entre lápices y un juego nuevo. Ahora la clase tiene que tomar otra decisión. Deben decidir entre una excursión al museo o al zoológico.

El museo costaría $100 y el zoológico $120. Miss Jones verifica el presupuesto. ¡Pueden permitirse el museo!

Glosario

acuario: Recipiente que puede contener agua y que a menudo alberga seres vivos como, por ejemplo, peces.

museo: Edificio donde se conservan cosas de interés para que la gente las vea.

presupuesto: Un plan utilizado para decidir cuánto dinero puede gastarse.

Índice